SI ME HABLAS
empieza la partida

LOS JUEGOS CLAVE PARA ESTIMULAR EL LENGUAJE E INICIARSE EN EL DESARROLLO DE LA LECTURA

Laura Segovia
Nati García

Saralejandría
ediciones

Del texto:
Laura Segovia
Nati García

Perfil profesional:
@mamaestraparagael

Diseño de edición:
Elena Torres Andrés

De la presente edición:
Grupo Sar Alejandría S.L

Edita:
Saralejandría Ediciones

ISBN: 978-84-10105-94-2
Depósito Legal: CS 228-2025

A Gael el amor de mi vida.

A mis peluditos y personas vitamina.

A nuestras estrellas que más brillan.

A nuestros alumnos y alumnas por enseñarnos tanto.

A ti que tienes este libro en tus manos, que te inspire

en nuevos proyectos.

índice

PRESENTACIÓN

Hola! Soy Laura, maestra de audición y lenguaje, psicopedagoga, experta en atención temprana y trastornos específicos del lenguaje. Trabajo desde hace muchos años en el área del lenguaje, iniciándome durante seis años en atención temprana, creciendo durante diez en un colegio de educación especial y, desde hace un par de años, llevando todo lo que sé a centros de educación ordinaria, sin dejar nunca de aprender.

El lenguaje y la comunicación son aspectos que me fascinan, y creo firmemente que mi intervención es fundamental para el desarrollo y la evolución de todos los peques con los que me encuentro. Por ello, nunca dejo de experimentar, de crear y creer, de investigar...

Recuerdo mis primeros años en atención temprana, cuando me venían peques tan peques sin lenguaje, y yo buscaba y rebuscaba la forma de que pudieran hablar, de que pudieran comunicarse... Me emocioné tantas veces, recuerdo tanto sus nombres, sus caras, nuestros juegos...

Después comencé en educación especial y pensé: «Aquí lo voy a dar todo», y mientras estuve allí, no dejé de darlo o al menos intentarlo... Desde luego esto habría sido imposible sin mi compañera y amiga, Nati, con la que hoy, por fin, tengo un libro.

Siempre pude coordinarme con ella con facilidad, y creamos tantos materiales bonitos, tuvimos tantas ideas y hablamos en tantas ocasiones de llevarlo a cabo, que no me podía creer que esto pudiera pasar.

Somos muy diferentes, y por eso creo que hicimos y hacemos tan buen equipo; siempre seremos el pompero de los últimos diez minutos. Con esto quiero decir que, con ella, no encuentro el fin; con ella crezco, y nuestros niños y niñas también. Y, aunque sea apurando hasta el último instante, salen cosas así de bonitas.

Este curso (2024-2025) estoy como funcionaria en prácticas en el CEIP Fernando de los Ríos de Alcorcón, un lugar que me sigue permitiendo soñar, crecer, innovar, porque cuando estás a gusto, todo fluye. El curso que viene no lo sé...

Soy mamá de un niño de 3 años, Gael, que me invita a realizar materiales bonitos y estimulantes a diario. No puedo negar que él es mi motor y el primero en probar los juegos que hoy os traemos aquí.

Tengo un Instagram educativo, @mamaestraparagael, donde también muestro materiales, doy pequeños consejos y disfruto siendo mamá.

Yo soy Nati, maestra de pedagogía terapéutica y audición y lenguaje, experta en autismo y en sistemas alternativos y aumentativos de comunicación.

Desde mis comienzos en escuelas infantiles, aprendiendo de cada peque, del inicio de la comunicación y el desarrollo del lenguaje, pasando por un colegio de educación especial como maestra de PT y, después, como AL, hasta llegar a centros ordinarios como maestra especialista en PT.

Durante este curso 2024-25 vuelvo de nuevo a encontrarme en el CEIP Isabel la Católica de Pinto, desde donde he podido crecer como profesional y sentirme querida como persona.

Esta andadura profesional me ha ofrecido la oportunidad de aprender de cada niño y niña, de cada compañero y compañera, que en ocasiones han pasado a ser amigos, siempre valorando la importancia de seguir formándome y actualizándome para mejorar y reflexionar sobre mi práctica profesional.

El desarrollo de la comunicación me ha interesado desde el principio. Considero fundamental que un peque pueda comunicarse e interactuar con su entorno, de la mejor manera que sea capaz; para ello, intento ofrecerle posibilidades que tengo a mi alcance.

Echando la vista atrás, me gustaría pensar que he podido facilitar el desarrollo de la comunicación en mis peques, a los que recuerdo con cariño, sus caras, sus nombres, sus logros y muchas anécdotas juntos.

En ese recuerdo, sin duda, durante muchos años (¡y los que nos quedan!), aparece Laura, una compañera al comienzo y una amiga después, alguien a quien siempre he admirado como profesional y como persona, ¡todo esto no hubiese sido posible sin ella! Con quien disfruto haciendo materiales y proyectos, disfraces con ideas muy locas y con quien, en diez minutos, podemos terminar el trabajo de un año. Y aquí...

¡Comienza la aventura!

INTRODUCCIÓN

> EL LENGUAJE ES COMO UN MOTOR QUE NECESITA ESTAR CONSTANTEMENTE EN FUNCIONAMIENTO PARA QUE TODAS SUS PIEZAS ESTÉN A PLENO RENDIMIENTO».

Esta frase puede ser un buen inicio para lo que a continuación os vamos a contar.

La teoría del innatismo de Noam Chomsky se basa en la idea central de que los seres humanos nacen con una predisposición innata para adquirir el lenguaje. Sin embargo, en la actualidad, estamos observando que muchos peques precisan de un pequeño empujoncito para iniciarse en su adquisición o para el desarrollo de este.

Y es que un peque aprende a hablar si está rodeado de personas que le hablan, siendo el adulto el modelo, el estímulo que le empujará a aprender el lenguaje.

El niño tiene deseos de comunicarse con el mundo que le rodea; no obstante, estos deseos serán mayores si consigue mantener su motivación y obtiene una gratificación.

El día a día dificulta cada vez más que tengamos momentos para disfrutar de nuestros hijos de manera calmada. Además, existen tantos estímulos que muchas veces nuestros niños se aburren y resulta complicado mantener su atención en las aulas.

Por ello, es muy importante comprender que tanto la familia como la escuela pueden influir en el desarrollo de su lenguaje, fomentándolo y mejorándolo. ¿Qué es el lenguaje? Según Monfort (1992), el lenguaje es una función y una destreza que se aprende naturalmente, por una serie de intercambios con el entorno social y sobre todo por los intercambios que se establecen entre niño y adulto. Cuando se habla de «naturalmente», no se quiere decir que no exista enseñanza, se refiere a que esta no es sistemática, pautada o secuenciada; se refiere a una inmersión del niño, desde su nacimiento, en un contexto donde el lenguaje está presente.

No obstante, cada vez es más frecuente la necesidad de propiciar o crear momentos compartidos donde se establezca la comunicación para que los niños adquieran lenguaje. Un «me obligo y me centro en este momento» para fomentar ese lenguaje.

Las madres y los padres no son expertos, tampoco se pretende que lo sean, pero sí que sean personajes activos y colaborativos en este desarrollo, de una manera dinámica y sencilla.

Cuando en los primeros meses de vida de un niño no aparece el balbuceo, el *feedback* que obtiene por parte del entorno es mucho menor y esto implica que la exposición al lenguaje sea escasa.

Si un peque te hace un gorgorito, te dedica una sonrisa, te dirige un sonido… rápidamente tiendes a contestar de manera efusiva y buscas las formas posibles de que ese suceso se vuelva a dar. Sin embargo, si esos momentos no aparecen, los adultos intentamos que suceda, pero, poco a poco, paramos en el empeño. Pensamos que es un niño más tranquilo, no nos causa esa simpatía y, sin quererlo, dejamos de dirigirnos a él, lo que le priva de manera inconsciente de estímulos comunicativos que poder imitar.

Nuestra trayectoria profesional nos ha dado una amplia visión del desarrollo típico que se da en los niños a la par que nos ha posibilitado conocer las distintas necesidades que también puede tener nuestro alumnado y así cubrirlas. Es por ello por lo que nos hemos lanzado a escribir este libro y crear, así, una herramienta tanto para familia como para profesionales.

Seguramente, si te decimos que con algunos juegos podrás ayudar a la adquisición del lenguaje de tu peque, querrás jugar y conseguirlo. Si te propongo que trabajes todos los días durante media hora para que esto suceda, la visión será algo menos clara.

¡Esto es lo que buscamos! ¡Que quieras jugar!

Estas propuestas siempre harán bien a cualquier niño o niña al que se lo presentes, independientemente de sus características personales, solo hay que tenerlas en cuenta a la hora de proponerlas, siendo estas siempre ajustadas a ellos.

PRERREQUISITOS

Vamos a tener en cuenta una serie de aspectos previos que debemos fomentar para favorecer el desarrollo del lenguaje.

Y es que, aunque el lenguaje es fundamental para el desarrollo del pensamiento, la afectividad y los aprendizajes sociales y escolares, no se asentarán las bases de ese lenguaje si el adulto no reconoce los recursos y las estrategias comunicativas de las que dispone el niño, lo anima a que repitan esos intentos comunicativos y muestra interés por los mismos. Deberá, a la par, enriquecer las conductas preverbales, que llamaremos prerrequisitos, para favorecer la comunicación.

Cuando observamos cómo se desarrolla un niño y, durante este proceso, se percibe que no se van cumpliendo los hitos evolutivos que se deben dar, es conveniente estar alerta, observar, analizar y prevenir, interviniendo lo más tempranamente posible e incluso derivando a los profesionales pertinentes.

Desde los 2-3 meses, los bebés van realizando vocalizaciones con las que aprenden a crear sonidos. Los emiten, se escuchan, les hace gracia y los vuelven a hacer. **Entre los 4-6 meses,** comienza el balbuceo y la sonrisa social para conseguir algo de otras personas, **pero no es hasta los 8 meses** cuando se comunican porque quieren algo, señalando y haciendo uso de los protodeclarativos y los protoimperativos.

En este periodo se inicia la fase prelingüística, que va acompañada de miradas, gestos y contacto visual con una intencionalidad comunicativa que, hacia los dos años, se empezarán a sustituir por el propio lenguaje.

Es **a partir de los 9-12 meses** cuando empiezan a decir sus primeras palabras. Estas serán fáciles, de uso cotidiano, y realizarán omisiones o sustituciones de fonemas. Su lenguaje se basará principalmente en palabras sueltas (holofrase).

Estas descripciones son orientativas y nos sirven para no perder de vista el horizonte. Sin embargo, siempre hay que ser flexible y tener en cuenta que puede haber un margen de variabilidad.

También es importante, para que esta comunicación o intercambio se produzca, que aparezcan otros aspectos como:

- Intención comunicativa

- Atención conjunta

- Contacto visual

- Memoria

Al final, los prerrequisitos son todas aquellas habilidades que nos van a ayudar a fomentar el desarrollo del lenguaje del niño o niña.

Si estos aspectos no se dieran, la intervención vendría encaminada a fomentar la aparición de los mismos. Es decir, si un peque no tiene interés por comunicarse, debemos crearle la necesidad de hacerlo. Para ello, podemos tener en cuenta:

- Colocarnos a su altura.

- Utilizar juegos, cuentos y canciones que proporcionen estas posibilidades.

- Utilizar sus intereses para propiciar esa intención.

A veces, esa comunicación no aparece porque el peque no entiende qué significa comunicarse. Es importante proporcionar momentos de estímulo-respuesta que pueda comprender.

> ## Cuadro 1:
>
> Ejemplo: Le gustan las galletas...
>
> 1. Le mostramos las galletas.
>
> 2. Puede que intente cogerlas, en ese momento modelamos su mano con un «dame» a la vez que lo verbalizamos: «¡Dame!».
>
> 3. Respondemos con un «¡Ah, galletas!» y se las damos.

Esta situación deberá repetirse en varias ocasiones, incluso con diferentes elementos (otras comidas, juguetes, cuentos, etc.) que sean también de su interés, etiquetándolos siempre de manera oral para que le llegue el *fee-dback* auditivo correcto y así lo integre, lo comprenda, lo use y lo generalice.

De esta manera, podremos observar que comprende lo que es la comunicación.

ATENCIÓN/CONTACTO VISUAL

Si un peque no establece contacto visual, debemos propiciar que, de nuevo y de manera natural, se vayan dando pequeños momentos de intercambio.

Presentar atención conjunta permite que el peque y el adulto (u otro peque) puedan interactuar sobre un mismo objeto o misma actividad, compartir el foco, y esto favorece esa interacción que debe realizarse.

Que haya peques en los que aparezcan problemas de atención conjunta, implicará, en muchos aspectos, dificultades en la comunicación. Esta comienza con esa interacción social, por ello uno de nuestros primeros objetivos será incrementar el contacto ocular, desarrollar la atención conjunta y disfrutar del juego juntos.

El propósito es ayudar al niño a darse cuenta de la relación que existe entre sus acciones y las acciones del adulto, y que se sienta protagonista de ese momento.

En muchas ocasiones, cualquier juguete de causa-efecto intercalado con cambio de turnos provocará que se dé.

IMITACIÓN

La imitación es una forma de aprender que permite a los niños y a las niñas descubrir, comprender y conocer el mundo que les rodea.

Es importante que un niño o niña sea capaz de imitar para que...

Cuadro 2:

- Adquieran conductas comunicativas.

- Integren el juego simbólico.

- Aparezca atención conjunta.

- Se desarrolle el lenguaje.

En el juego, el niño imita situaciones de la vida cotidiana, cosas que ha visto u oído, de esta manera el niño aprende observando, posteriormente explorando y, finalmente, ejecutando.

MEMORIA

Es común que no recordemos todo lo que escuchamos, leemos, vemos o vivimos, y esto se puede deber a que en ese momento no hemos reflexionado sobre esa experiencia, o no estábamos prestando atención, o simplemente no hemos realizado conexiones y no se produce una codificación.

Que algo puntual no se recuerde no indica que el niño tenga problemas de memoria, se debe observar si esto es algo que ocurre de manera repetida o es algo concreto y aislado. Para poder recuperar la información es importante:

- Organizar lo que sabemos de un tema.

- Comprobar y establecer asociaciones (la casa de los abuelos es donde probaste por primera vez las galletas de avena).

El interés y la atención juegan un importante papel en la memoria de los niños, por ello recuerdan más y mejor a través de la propia experimentación, a través de los juegos y las vivencias. Los niños que tienen problemas para concentrarse o en el lenguaje tienen, directamente, dificultades para recordar la información. Es a través de actividades dinámicas, lúdicas, manipulativas y visuales, cuando consiguen retener más información.

La memoria juega un papel fundamental en el desarrollo y la utilización del lenguaje. El reconocimiento de palabras, al que se llega a través del desarrollo fonológico, permite distinguir sonidos, combinarlos en sílabas y estas en palabras; después, se busca el significado en la memoria.

La información recibida es retenida en la memoria, y nos encontramos con dos tipos:

Cuadro 3:

● **+ Memoria a corto plazo (de trabajo):** almacena la información a la que se atiende y desaparece rápidamente para continuar con la tarea. Tiene una capacidad limitada en el tiempo y en la cantidad retenida.

● **+ Memoria a largo plazo:** cada peque puede retener todo lo que conoce sobre su mundo si la información se organiza de manera comprensible y significativa para ellos, teniendo gran duración en el tiempo y en capacidad de retención.

Cuadro 4

PARA CASA:

Una manera sencilla para reforzar en casa los aspectos anteriormente mencionados (atención, contacto ocular, imitación, memoria) sería:

● **Cucú-tras:** El adulto se coloca frente al peque, asegurándose de que capta su atención, y se tapa la cara con las manos mientras dice "cucú"; con el "tras" se destapa y aparece su cara de manera teatralizada, con juegos melódicos de voces, vocalizando...

● Se realiza de manera repetitiva, asegurando que el peque comprende el juego y que le proporciona la posibilidad de anticiparse, pidiéndole al adulto que aparezca antes y realizando él mismo la imitación.

- Podemos, además, generar momentos de espera para que sea el niño quien inicie o demande el juego. Para esto, mantendremos la cara tapada con las manos esperando a que el niño diga "tras".

- Canción «Mi carita redondita», «Chocaron dos coches»: estas canciones son dos ejemplos que nos permiten centrar la atención en la cara del adulto, favorecen el contacto ocular y la imitación de los gestos de manera lúdica, además de incluir vocabulario y reconocer partes de la cara, favoreciendo de esta manera que se integren estos conceptos en su memoria a largo plazo.

ESTIMULACIÓN DEL LENGUAJE

ermitir a los niños y niñas desarrollar el lenguaje con aprendizaje significativo y que les permita utilizar actividades que los motiven.

Una vez establecidos, adquiridos y reforzados estos prerrequisitos, podemos incidir más en la estimulación del lenguaje.

Cuadro 5

¿PARA QUÉ ESTIMULAMOS EL LENGUAJE?

- Conseguir la expresión oral.

- Darle la posibilidad de que se comunique.

- Ampliar su léxico expresivo y comprensivo.

- Conseguir una estructuración del lenguaje más compleja.

- Desarrollar habilidades metalingüísticas.

- Acceder a la lectura.

Si un peque es capaz de realizar onomatopeyas, podemos observar que va apareciendo expresión oral. A esa expresión oral se le irá dando forma para que vayan apareciendo las palabras y, después, enriqueciendo para que se creen las estructuras de lenguaje. Por ello, los peques suelen comunicarse inicialmente para pedir o mostrar algo, hasta llegar a contar o narrar.

Teniendo vocabulario y haciendo uso del lenguaje oral, se podrá ir trabajando la discriminación auditiva y con ella jugar con el propio lenguaje, con los sonidos: ¿qué sonidos hay en una determinada palabra?, ¿qué sonido se parece a qué otro?, ¿si quito este sonido, cómo queda la palabra…?Si sabemos jugar con el lenguaje, sabemos cómo suena, podremos ir haciendo asociaciones de cómo se representa.

Por ello, hablamos en nuestro libro de la estimulación del lenguaje oral hasta la adquisición de la lectura.

Colocarnos a su altura y ofrecer experiencias comunicativas, mostrando juguetes, fotos o elementos a la vez que los etiquetamos.

Contar pequeñas historias mientras realizáis rutinas del día, que le generen curiosidad y quiera saber más.

Tips estimular lenguaje

Ofrecer momentos de cuentos compartidos. Podemos repetir el cuento para que anticipe y pueda participar, además de seleccionar algún cuento con pictogramas.

Utilizar también esas rutinas para describir lo que vais realizando y que colaboren. Ejemplo: «¡Voy a preparar la mochila para mañana! Es martes y te toca fruta, ¿te apetece ser como un mono? Te meteré una manzana, que es lo que comen».

Utilizar juegos o accesorios que capten su atención hacia nuestra cara, o que les motive tanto que quieran conseguirlos y los pidan.

Generamos que el peque diga:

«¡Nooo! No comen manzana, comen plátano». Hacernos los despistados siempre es una buena herramienta, aunque es importante no agotar este recurso. Debe ser algo gracioso y natural.

Usar palabras cortas y frases sencillas:

En el aspecto lexical y gramatical.

Animarlo a pedir lo que desee:

Es bueno colocar a su vista, pero no a su alcance, algo que pueda querer para que tenga que recurrir a ti para pedirlo.

Imitar:

Articular fonemas con pronunciación clara, tono adecuado, entonación y gestos muy marcados. Podemos usar los momentos de lavado de dientes para mostrar como colocar la lengua, labios, dientes... para decir algo de manera más clara.- Lenguaje repetitivo: se repiten las frases en la misma forma o en forma equivalente.

Expandir el vocabulario y las frases.

Repetir su enunciado y ampliarlo. También, cuando una palabra la pronuncie mal, lo que haremos será decirla nosotros de manera correcta en varias ocasiones de la manera más natural posible.

Ejemplo: quiere decir «perro», pero dice «pego».

Nosotros diremos: «¡Sí! ¡Qué bonito el perro! Ese perro es como el de María. Yo ayer vi otro perro blanco. Era un perro muy grande».De esta manera, estamos exponiendo al peque a la palabra correcta varias veces sin hacer una corrección directa.

En otra ocasión, se puede jugar a «vamos a ser un animal que habla con (un fonema que le cueste)» y, para ello, pondremos la boca de la forma adecuada, se la mostramos, le ayudamos a hacerlo y jugamos.

Recordemos que estamos hablando de estimulación del lenguaje y no realizando una intervención logopédica de rehabilitación de un fonema. Sin embargo, todo ello ayudará a una mayor evolución.

- En intercambios comunicativos, debemos esperar y respetar sus tiempos. Podremos estimularle en algunas ocasiones, si vemos que le cuesta, pero debemos darle la oportunidad de hablar y responder por él o ella.- Hacer preguntas abiertas para dar la posibilidad de expandir el lenguaje. También usar cerradas para ofrecerle mayor seguridad.

- Técnica del error constructivo. En ella, el adulto se equivoca y el niño verbaliza espontáneamente.

- Reforzar las situaciones de éxito.

- Dirigirse al niño en situaciones inesperadas con órdenes sencillas y precisas (ejemplo: «Coge el color rojo»).

- Asegurarse de tener la atención del niño durante la comunicación.

- Acompañar el lenguaje oral con gestos naturales y pequeñas anécdotas o historias que le hagan conectar.

- Dirigirnos al niño o niña con claridad, articulando de manera pausada. Se jugará con los cambios de voz para llamar su atención y ofrecer un momento divertido, pero debemos evitar utilizar diminutivos para hablarles.

- Ayudarle a construir bien las frases haciéndoles preguntas como: «¿Quién es?», «¿cómo se llama?», «¿dónde está?», «¿para qué sirve?», etc.

- Valorar todos sus intentos comunicativos, reforzándolos con comentarios y sonrisas. Es importante cualquier palabra, es válido cualquier intento de comunicación y será valioso todo lo que quiera decir.

- No anticiparnos a lo que quiera decirnos, darle tiempo hasta que encuentre la manera de comunicarlo.

- Imitar junto al niño sonidos naturales, de animales, etc.

- Participar junto al niño en los juegos que realiza.

- Darle pequeños encargos dentro de la casa y situaciones familiares (ejemplo: «Trae el vaso»).

- Aprovechar situaciones de la vida cotidiana como, por ejemplo, el momento del baño, la comida, un paseo, etc.

Que desde la familia se potencie el desarrollo del lenguaje es fundamental para que el peque, aprovechando contextos naturales, pueda conocer y saber más de su entorno, hablando de los animales que ven, los transportes, el tiempo o alguna anécdota que ocurra.

Es muy importante observar al peque y así poder ver qué cosas le llaman la atención para comentarlas, decir cómo se llaman, para qué sirven, jugar con ellas, etc.

4.1. VOCABULARIO

Para comenzar a desarrollar el componente semántico, primero intentamos ampliar el vocabulario y después el significado de las palabras que ya conoce el niño.

Es normal encontrarse en la etapa infantil con diferentes materiales y juegos asociados a la adquisición de vocabulario: lotos de imágenes, materiales de clasificación por categorías, palabras relacionadas con la estación… Todo este material es importante que lo aprendan, pero, en ocasiones, se aleja de su entorno, de sus intereses, lo que causa mayores dificultades a la hora de guardarlo en la memoria y evocarlo posteriormente.

Muchos de estos materiales van asociados a un etiquetado de imágenes, algo estáticas. Sin embargo, eso a veces solo facilita enumerar y no ofrece la posibilidad de intercambiar información, de narrar, de interactuar… Debemos introducir elementos que también enriquezcan el lenguaje, tanto expresivo como comprensivo, y que posteriormente se vea reflejado también en sus estructuras.

Siempre se considera importante que disfruten y se lo pasen bien. Que sea divertido realizar actividades relacionadas con el lenguaje evitará que se creen sentimientos negativos hacia las actividades.

Cada vez se observan más peques que presentan poca riqueza léxica, lo que influye directamente en sus intercambios expresivos y comprensivos, en la evolución del desarrollo de su lenguaje y en su aspecto fonético-fonológico.

Está claro que la elección del vocabulario que ofreceremos al niño va a depender de su edad, y siempre se partirá de lo más cercano, de personas, objetos y lugares familiares para el niño. Sin embargo, como ya hemos hablado anteriormente, estas experiencias deben enriquecerse más.

Ejemplo: **un día ha dormido mucho. Le decimos: «Hoy has dormido un montón, te pareces a un perezoso», y le mostramos la imagen de un pe-**

rezoso. Ahí estamos introduciendo el nombre de un animal que quizás no conocía, pero le va a generar gracia e intriga parecerse a él.

La adquisición de una palabra nueva será más fácil si es más corta, tiene sílabas directas o es relevante para él. Además, otro aspecto que facilitará la adquisición de las palabras será trabajar, a su vez, el aspecto fonológico e incluso su propio significado.

Al final, un niño comienza a hablar a partir del lenguaje que escucha, por ello tener una mayor exposición a palabras expresadas de manera correcta facilitará la adquisición y retención de dicho vocabulario.

El desarrollo del plano del lenguaje léxico-semántico se debe realizar desde:

- La comprensión.
- La expresión.

4.2. ARTICULACIÓN. FONÉTICO-FONOLÓGICO

La articulación forma parte de uno de los aspectos del lenguaje y dentro de la misma influyen la fonología, que comprende los sonidos y las reglas de formación de nuestra lengua, y la fonética, que hace referencia al análisis del fonema.

Para la adquisición del sistema fonológico de nuestra lengua, el niño necesita:

Atención y discriminación auditiva y fonética.

Motricidad bucofacial general y de los movimientos articulatorios.

Integración entre el esquema auditivo y el esquema motriz de los fonemas.

Tendremos en cuenta que existe un orden de aparición de los fonemas. Para algunos peques no será suficiente con que les presentemos los modelos correctos para que los adquieran, también dependerá de su momento evolutivo, su madurez en las estructuras que implican el desarrollo fonológico y la integración fonética, que puede darse con más lentitud o con algún déficit. Por lo tanto, habrá que estar atentos, tanto en el contexto familiar como escolar, a las posibles señales de alarma que se puedan presentar.

El desarrollo de este plano del lenguaje será progresivo, los niños van a ir afianzando su capacidad en la articulación de fonemas, también gracias al *feedback* que van recibiendo de su entorno.

Los fonemas que implican el desarrollo de la competencia fonológica se adquieren a través de aprendizajes de oposición, es decir, se adquiere un fonema previa adquisición de otros. Por ejemplo, el fonema /s/ supone la adquisición del fonema /t/. Por ello, nos encontramos con que, cuando un niño o niña no articula un fonema, tiende a pronunciar el fonema de adquisición anterior.

Partir de los intereses del niño para facilitar su motivación.

El vocabulario se puede presentar en algunas de las actividades, asociando, además, la imagen a la palabra escrita para facilitar su exposición de manera visual y propiciando así que la puedan reconocer.

Utilizar no solo sustantivos, sino también añadir verbos y adjetivos para ampliar la variedad de recursos expresivos y comprensivos. Ejemplo: si estamos trabajando las profesiones, además podemos hablar de objetos que utilicen esas personas en sus trabajos, describir pequeñas canciones que realicen y decir alguna característica. «Los médicos son muy inteligentes», «Mi madre es policía y es muy alta, pero mi vecino Juan es policía y es muy pequeño».

Tips para trabajar vocabulario y articulación:

Dedicar tiempo para hablar, jugar y leer cuentos junto al niño

Aumentar el número de exposiciones de la palabra para facilitar la codificación de la información fonológica de la misma.

Usar ese vocabulario en diferentes actividades y juegos para generalizarlo.

Realizar actividades dinámicas y manipulativas para la reflexión y la interiorización del vocabulario.

Modelo correcto y aprendizaje sin error, sin diminutivos u onomatopeyas. Por ejemplo, «guagua» (perro).

Hacer uso de imágenes y objetos reales para facilitar el etiquetado, realizando incluso pequeñas comparaciones.

Cuando un niño está aprendiendo una palabra, le puede resultar complicado pronunciarla y, sin darnos cuenta, a veces le complicamos más de la cuenta.

Ejemplo: tenemos un niño que tiene un lenguaje poco inteligible (no es claro y no se le entiende). Como hemos reflejado anteriormente, le será más sencillo decir palabras cortas y frases sencillas.

Es más fácil decir «el perro come un hueso» que «el perrito come un huesito». Primero, porque le añadimos sílabas a las palabras, y segundo, porque en muchas ocasiones los niños terminan usando «ito» e «ita» constantemente y su lenguaje termina siendo poco comprensible.

El entrenamiento con letras y articulemas activa las características articulatorias de los fonemas, de tal forma que las conexiones entre los símbolos de las letras (grafemas) y sus sonidos (fonemas) quedan mejor aseguradas en la memoria. Estos resultados son coherentes con la llamada teoría motora de la percepción del habla (Liberman, 1999), que indica que la conciencia sobre los aspectos articulatorios de los fonemas ayuda a su representación y memorización.

4.3. MORFOSINTÁCTICO

La morfosintaxis estudia el conjunto de las reglas y elementos que hacen de la oración un elemento con sentido. Dentro de esta, la imitación es la estrategia más importante para el aprendizaje de este aspecto del lenguaje.

El aprendizaje de la morfosintaxis nos permite comprender el significado escrito y hablado del lenguaje. Sabemos que es un proceso complejo y que requiere maduración y una correcta exposición. Por ello, destacamos la importancia de compartir lectura y momentos de intercambio comunicativo que les permitan integrar y generalizar estructuras de lenguaje mediante la imitación.

Para lograr una adecuada estructuración del lenguaje oral es bueno partir de actividades de descripción de imágenes, como pueden ser fotos de su libro o película favorita, o fotos de unas vacaciones, donde siempre proporcionaremos nosotros el modelo. Más adelante, os planteamos algunos juegos que les harán conscientes de las partes que tiene una oración.

A modo juego, os proponemos actividades de seguimiento de órdenes. Ejemplo: «Nos tocamos la nariz», para después ir añadiendo nociones básicas como conceptos morfosintácticos, incluyendo pronombres, adverbios, nexos, verbos, artículos, etc.

El niño será así capaz de dar sentido a una frase a través de la estructura de la misma.

DEL LENGUAJE A LA LECTURA

La estimulación de la conciencia léxica, silábica y fonológica mejora el reconocimiento, la precisión y la velocidad lectora, que se refleja en las habilidades metalingüísticas.

Soprano y Chevrie-Muller (1993 citado en Narbona, 2000) consideran habilidades metalingüísticas la conciencia que posee el sujeto sobre su lengua, tanto de la conciencia fonémica, como de la conciencia léxica, sintáctica y semántica.

Por ello, tomar conciencia de que la lengua hablada está compuesta por sonidos elementales, llamados fonemas, es a lo que llamamos «conciencia fonológica», y esto, a su vez, for-

33

ma parte de las competencias que acercan a un niño a la lectura.

///

Por ejemplo, **Gómez et al. (2005, p. 584) se refieren a las habilidades metalingüísticas como el «saber escuchar los sonidos de la lengua; percibir los movimientos articulatorios; diferenciar auditiva y cenestésicamente todos los fonemas; captar la estructura silábico-fonética de las palabras; manipular segmentos del lenguaje en operaciones de análisis y síntesis».**

///

Consideramos que la aparición de la conciencia fonológica es una etapa clave en el camino de la lectura. Nuestro tiempo de experiencia y lecturas varias nos ayudan a creer que realizar juegos lingüísticos desde edades tempranas proporcionan una mejor y más temprana adquisición de la misma.

En nuestro libro os proponemos juegos para reforzar estos componentes y potenciar un mejor desarrollo de las habilidades metalingüísticas.

Por conciencia léxica se entiende, la capacidad de aislar las palabras que componen una oración y de reconocer qué palabras cortas están formando otra palabra más larga. Por su parte, la conciencia silábica se refiere a la capacidad de identificar, segmentar y manipular las sílabas en las palabras. El dominio de estas capacidades es precursor del acceso a la lectura.

He aquí la base de nuestro proyecto y trabajo: el planteamiento de una serie de juegos para casa y aula que permita asentar estos conocimientos pronto, bien y de manera divertida.

Aquello que implique manipular los sonidos de las palabras prepara a los niños y las niñas para la lectura. Por ello, es importante reforzar desde pequeños la discriminación auditiva: identificar sonidos iguales o diferentes, sonidos de distintas clases, sonidos largos y cortos… De esta manera, los peques mostrarán atención hacia los sonidos, incluso más concretamente, cuando lo trabajamos, hacia los sonidos del habla, lo que hace que orientemos el procesamiento cerebral hacia las áreas cerebrales del lenguaje.

Entrenar la atención hacia los fonemas es una preparación muy importante para poder lograr así lectores eficaces.

Es así como se puede definir las habilidades metalingüísticas, como la conciencia y dominio que posee el niño de la organización y funciones de su lengua, permitiéndole diferenciar la naturaleza de las palabras y frases en los ámbitos fonológico, semántico, sintáctico y pragmático.

Tunmer y Cols. (1984) postulan que la conciencia fonológica debe ser el punto de partida de toda investigación en el área del lenguaje, por ser el fonema la unidad más elemental de la lengua. Se destaca, como un indicador de esta habilidad, el desarrollo de la capacidad de segmentación de las palabras. La adquisición de la conciencia fonológica es considerada como un logro de gran importancia, principalmente por la relación existente entre esta y el aprendizaje de la lectura (Bravo, 2003; Tunmer y Cols., 1984).

Antes de los 3 años, el niño, con juegos vocales, experimentará con el lenguaje, actividad que le conducirá poder producir, a veces, rimas bajo una orden y, un poco más tarde, las reproduce al jugar en situaciones provocadas. También es capaz de distinguir un sonido que pertenece al lenguaje de otro sonido que no corresponde a éste. Estas conductas precoces no parecen exigir al niño una actividad reflexiva sobre el componente fonológico del lenguaje, ni la conciencia de manipular los elementos constitutivos de segmentos significantes de la cadena hablada.

Muy precozmente también, entre 3 y 5 años, aparecen las primeras conductas de segmentación. Sin embargo, estos todavía se relacionan más con una manipulación de un objeto sonoro que con una descomposición de un objeto simbólico. Estas segmentaciones son en efecto obtenidas bajo consignas generales, como cuando se le pide suprimir la sílaba final de una palabra (Gombert, 1990).

Leer es desarrollar una conexión entre las letras y la codificación de sus sonidos, y para ello os proponemos estos juegos, siempre adaptables a cada niño en concreto.

Nos hemos pasado toda nuestra vida profesional jugando, creando material lúdico, innovando… y siempre llegamos a la conclusión de que «nada enciende más la mente de un niño que jugar», como dice el Dr. Stuart Brown. Aquí tenéis nuestros mejores juegos.

JUEGOS

LA GRANJA

 Edad: 2-5 años

OBJETIVOS

Mejorar la atención.

Aumentar vocabulario.

Desarrollar el lenguaje oral.

Mejorar la discriminación auditiva.

Desarrollo de la actividad: ||||||||||||||||||||||||||||||||||||||||||||||||

Tenemos una granja grande que tiene puertas con animales escondidos. Los jugadores deberán llamar a una de las puertas, le diremos alguna característica del animal que se esconde y realizaremos su sonido, que el peque deberá imitar.

El jugador deberá adivinar el animal que se esconde y, de esta manera, se abrirá la puerta.

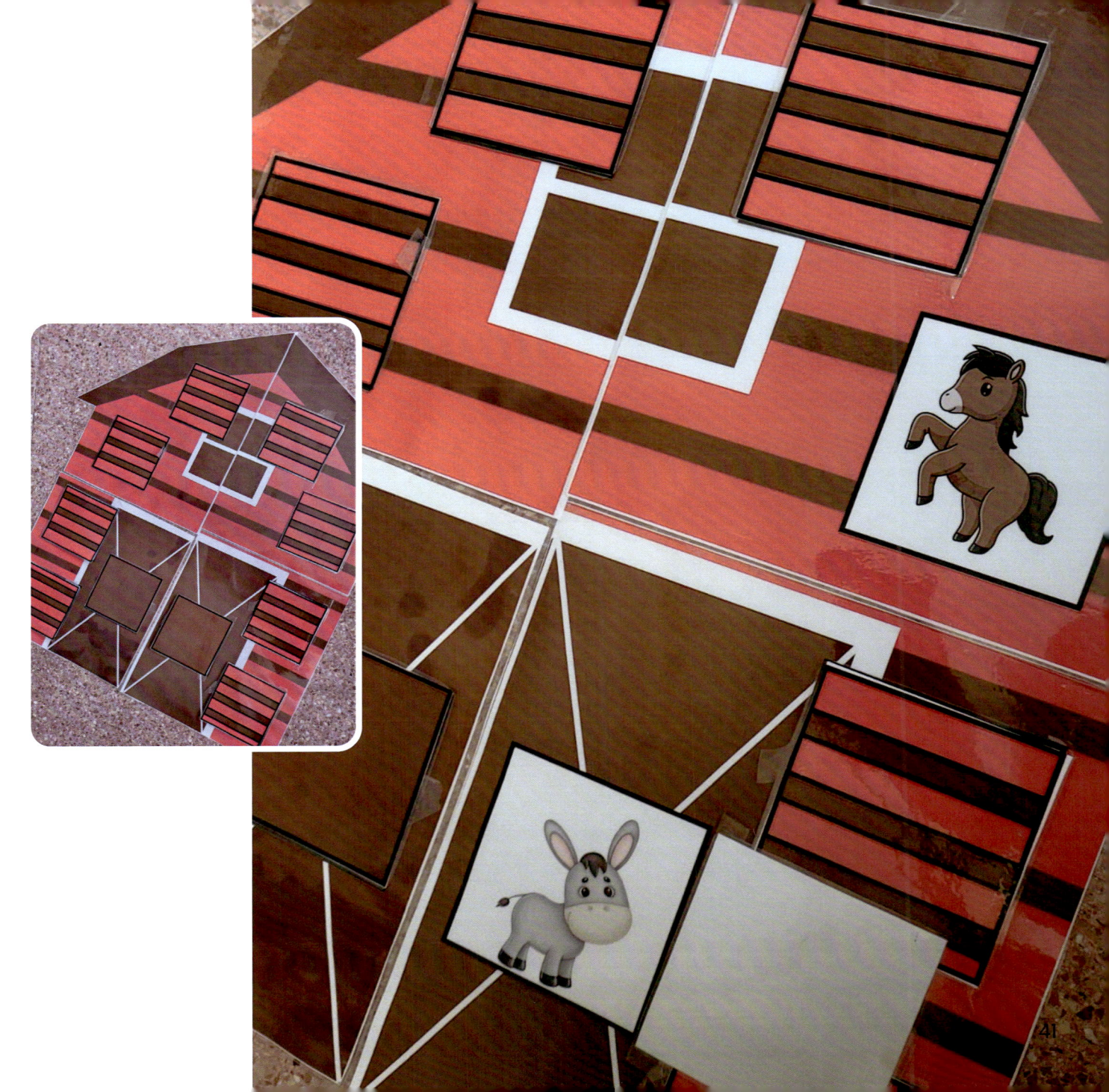

UNA VEZ

Edad:2-6 años

OBJETIVOS:

- Mejorar la atención.

- Desarrollar la escucha activa.

- Aumentar la memoria.

- Desarrollar la expresión oral.

- Fomentar el plano fonético-fonológico.

- Adquirir el plano morfosintáctico.

- Mejorar la comprensión oral.

El material contiene algún pictograma del Portal Aragonés de la Comunicación Aumentativa y Alternativa - ARASAAC (http://arasaac.org)

Desarrollo de la actividad: ‖‖‖‖‖‖‖‖‖‖

Se repartirán por el espacio imágenes de personajes, acciones y transportes de diferentes colores.

El adulto contará una pequeña historia donde aparecerán los tres elementos (ejemplo: «El perro come en el tren rojo»), un rato después el jugador deberá recordar la historia y buscar esas imágenes entre todas las que hay.

Se comprobará si ha recordado todos los elementos que aparecían o si se ha olvidado o confundido.

BAILAR

¡AL ARMARIO O A LA LAVADORA!

 Edad: 3-5 años.

OBJETIVOS:

- Aumentar la atención.

- Aumentar el vocabulario.

- Perfeccionar las habilidades metalingüísticas.

- Desarrollar el plano morfosintáctico.

- Mejorar la expresión oral.

Desarrollo de la actividad:

Se colocarán dos láminas: una de un armario y otra de una lavadora. Después, se pondrán encima de la mesa tarjetas con ropa limpia y sucia. Los participantes, por turnos, cogerán una de las tarjetas, nombrarán qué ropa aparece y, si está limpia, la colocarán dentro del armario; si está sucia, dentro la lavadora.

Para ampliar la expresión oral, se puede preguntar si alguien lleva esa prenda o una del mismo color puesta, o hacerles inferir por qué esa prenda está limpia o sucia.

SOMBRA DE LA VOCAL

 Edad: 3-5 años

OBJETIVO:

- Desarrollar la atención.

- Mejorar el vocabulario.

- Integrar el plano fonético-fonológico.

- Mejorar la articulación de las vocales.

- Desarrollar habilidades metalingüísticas.

 Desarrollo de la actividad:

Por un lado, tenemos plantillas de vocales donde aparecen varias sombras de imágenes. Por otro lado, estarán las imágenes a color recortadas. Los jugadores deberán primero coger una de las imágenes e identificar por qué vocal (sonido inicial) empieza. Posteriormente, comprobarán si su sombra se encuentra dentro de la vocal que han dicho. Los peques

irán asociando poco a poco el vocabulario a la conciencia fonológica de la vocal.

Aquí siempre reforzaremos la atención hacia nuestra boca para que imiten la posición para producir el sonido.

BUSCA EL IGUAL

 Edad: 3-5 años

OBJETIVOS:

- Mejorar la atención.

- Mejorar la discriminación visual.

 Desarrollo de la actividad: ||||||||||||||||||||||||||||||||||||||||||||||

Existe una plantilla con un cuadrado donde el adulto colocará las siluetas en una determinada posición. Los jugadores, en otra plantilla con esa imagen en diferentes posiciones, tendrán que encontrar cuál es la correcta. El más rápido ganará.

PREGÚNTAME Y TE CUENTO

 Edad: 3-5 años

OBJETIVOS

- Desarrollar el plano léxico-semántico.

- Desarrollar el plano morfosintáctico.

- Mejorar la comprensión oral.

- Aumentar la expresión oral.

Desarrollo de la actividad:

Se mostrarán unas láminas donde aparece una imagen de una estancia de la casa y deberán identificar qué acciones se pueden realizar allí y qué objetos se pueden encontrar dentro, respondiendo una serie de pregunta tipo Q («¿Qué es?», «¿qué hace?»).

¿QUÉ HACEMOS?

¿QUÉ HAY?

51

HUELLAS

 Edad: 3-6 años

OBJETIVOS:

- Mejorar la atención.

- Aumentar la memoria.

- Fomentar el plano léxico-semántico.

- Mejorar la inteligibilidad del lenguaje.

- Desarrollar la conciencia silábica.

 Desarrollo de la actividad: ||||||||||||||||||||||||||||||||||||||||||||||

Se colocarán las huellas en el suelo e introduciremos el juego diciendo que alguien ha entrado y necesitamos ayudantes que averigüen, con la lupa mágica, de quién se trata. El jugador que tenga la lupa podrá levantar dos de las huellas y ver si se corresponden. Es un juego de memoria y atención visual traído al mundo de los detectives.

PUZZLES DIVIDIDOS

 Edad: 3-6 años

OBJETIVOS:

- Mejorar la atención.

- Desarrollar el plano fonético-fonológico.

- Adquirir correctamente los fonemas.

- Desarrollar el plano léxico-semántico.

- Mejorar la expresión oral.

- Desarrollar la conciencia silábica.

 Desarrollo de la actividad:

Se han seleccionado una serie de imágenes con sílabas directas, divididas en piezas de puzles según el número de sílabas que tiene la palabra.

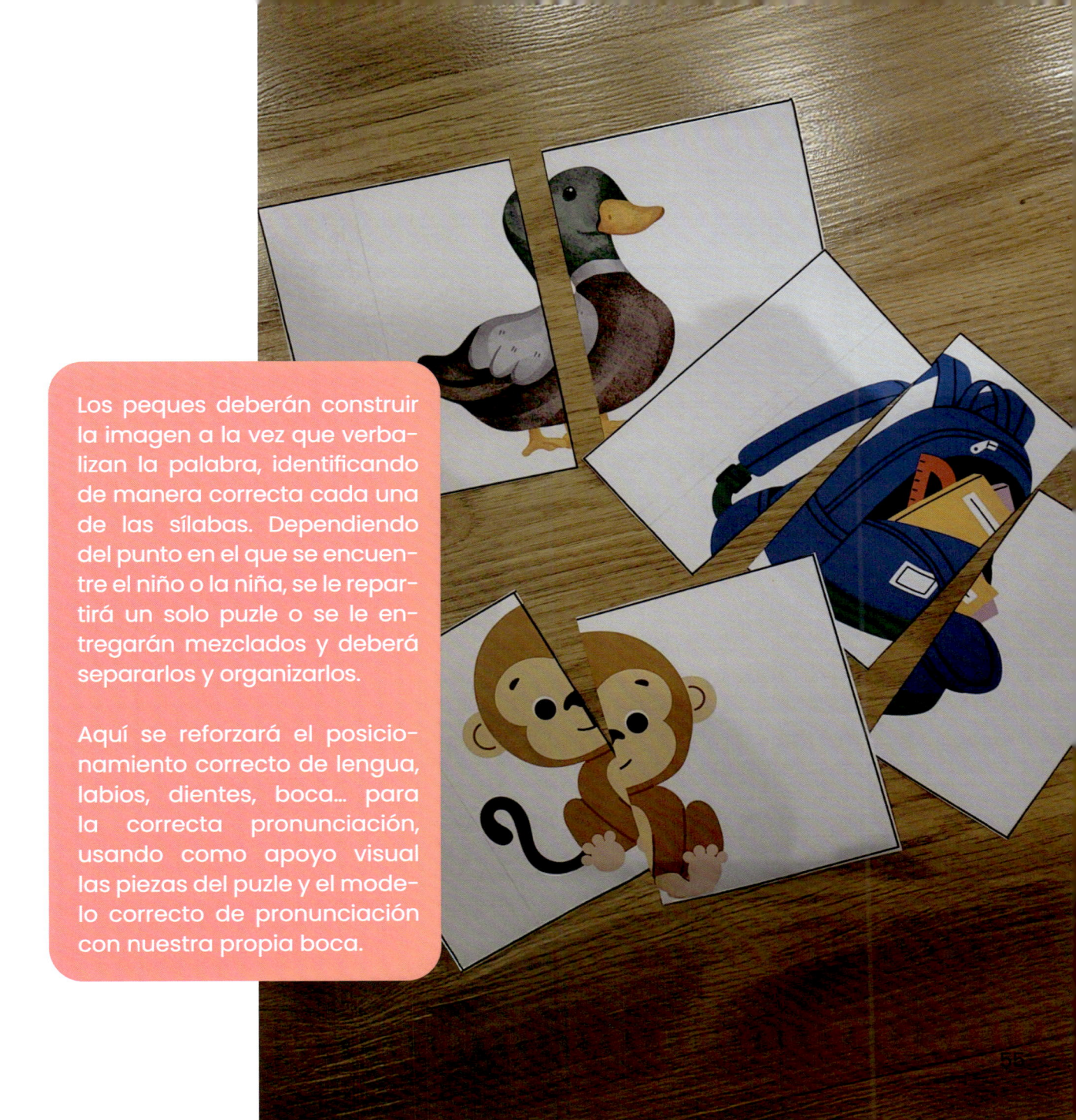

Los peques deberán construir la imagen a la vez que verbalizan la palabra, identificando de manera correcta cada una de las sílabas. Dependiendo del punto en el que se encuentre el niño o la niña, se le repartirá un solo puzle o se le entregarán mezclados y deberá separarlos y organizarlos.

Aquí se reforzará el posicionamiento correcto de lengua, labios, dientes, boca... para la correcta pronunciación, usando como apoyo visual las piezas del puzle y el modelo correcto de pronunciación con nuestra propia boca.

SOY YO

 Edad: 3-6 años

OBJETIVOS:

- Mejorar la atención.

- Aumentar el contacto visual.

- Incrementar la memoria.

- Aumentar vocabulario.

vMejorar la morfosintaxis.

- Desarrollar el plano pragmático.

- Desarrollar habilidades metalingüísticas.

 Desarrollo de la actividad:

Se mostrarán unas frases en imágenes que los jugadores deberán ser capaces de interpretar y expresar, realizando una estructura lo más

compleja posible. Con las pistas de esas tarjetas, deberán averiguar qué profesional se esconde en ese trabajo.

Después podrán convertirse en ese profesional y usar su careta. ¡Es de lo más divertido!

BUSCA Y ENCUENTRA EN MI CASA

 Edad: 3-7 años

OBJETIVOS:

- Aumentar la atención.

- Mejorar la memoria visual.

- Aumentar el vocabulario.

- Desarrollar habilidades metalingüísticas.

- Desarrollar la expresión oral.

 Desarrollo de la actividad:

Tenemos un tablero que representa una casa con objetos, donde podemos encontrar distintas estancias. Hay cuatro tarjetas de estancias y cada jugador, por turnos, tiene que coger una de las tarjetas y señalar un objeto que se encuentre en esa estancia. Podemos usar rotulador de pizarra para marcar el objeto o cualquier ficha o figura que le pueda motivar.

⁞⁞⁞⁞⁞⁞⁞⁞⁞⁞⁞⁞⁞ *Variante: sombras* ⁞⁞⁞⁞⁞⁞⁞⁞⁞⁞⁞⁞⁞

El tablero es una casa con cuatro imágenes de cuatro estancias. Además, hay fichas con objetos que se pueden encontrar en la casa, pero están en sombras. Cada jugador, por turnos, cogerá una de esas fichas y tendrá que colocarla en la estancia de la casa que corresponda.

BUSCA Y ENCUENTRA MI PROFESIÓN

 Edad: 3-7 años

OBJETIVOS

- Aumentar la atención.
- Mejorar la memoria visual.
- Aumentar el vocabulario.
- Desarrollar habilidades metalingüísticas.
- Desarrollar el plano morfosintáctico.

vMejorar la expresión oral.

 Desarrollo de la actividad:

En el tablero se encuentran imágenes del vocabulario asociado a diferentes profesiones, junto con tarjetas que muestran las mismas imágenes. También hay láminas de profesiones.

Los participantes cogerán una tarjeta y buscarán la imagen que coincida, asociándolas. Además, tendrán que relacionar esa imagen con la profesión a la que corresponde, teniendo en cuenta las láminas de las distintas profesiones que se les presentan.

CADA OVEJA CON SU PAREJA

 Edad: 3 - 7 años

OBJETIVOS:

- Aumentar la atención.

- Desarrollar el plano léxico-semántico.

- Desarrollar el plano pragmático.

- Desarrollar las habilidades metalingüísticas.

 Desarrollo de la actividad:

Se colocarán las dos ovejas grandes, una blanca y otra negra, de manera visible para los jugadores. Posteriormente, se enseñarán las diferentes imágenes que aparecen en las tarjetas para asegurarse de que se conoce todo el vocabulario. Si hay palabras que desconocen o no reconocen, se nombran para que lo integren.

El juego consiste en repartir las diferentes tarjetas entre los jugadores para posteriormente buscar las parejas, viendo qué imagen es la que le ha tocado a cada uno. Luego explicarán al resto por qué van juntos y colocarán sus tarjetas en las ovejas emparejadas.

Ejemplo: «Mono y plátanos van juntos porque el mono come plátanos».

PONTE EL GOMET

 **Edad: 3 - 7 años**

OBJETIVOS:

- Aumentar el contacto visual.

- Favorecer la atención conjunta.

- Aumentar el vocabulario.

- Desarrollar el plano morfosintáctico.

- Desarrollar el plano léxico-semántico.

 Desarrollo de la actividad: ‖‖‖‖‖‖‖‖‖‖‖‖‖‖‖‖‖‖‖‖‖‖‖‖‖‖‖‖‖‖‖‖‖‖‖‖‖‖

Puede jugarse de dos maneras.

❶ Para dos jugadores: Uno de ellos cogerá una tarjeta donde hay una cara dibujada que tiene diferentes gomets de colores y formas colocados en distintas partes. Deberá coger los mismos gomets que aparecen en la imagen y colocarlos en la cara del otro de la misma manera que están en la imagen. Después comprobarán si ha sido capaz de copiarlos.

2 **Para más de dos jugadores:** Un jugador cogerá una de las tarjetas donde hay una cara dibujada que tiene diferentes gomets de colores y formas colocados en distintas partes y no dejará que ninguno de los otros la vea. Posteriormente, le indicará a otro de los jugadores dónde y qué pegatinas debe colocar en la cara de otro compañero. Al final comprobarán si lo han hecho igual.

Al tener que colocar pegatinas por distintas partes de la cara, se están creando momentos de contacto visual de manera más natural y divertida.

65

¿QUIÉN SOY?

Edad: 3 - 7 años

OBJETIVOS:

- Mejorar la atención.

- Aumentar el vocabulario.

- Desarrollar el plano léxico-semántico.

- Desarrollar habilidades metalingüísticas.

- Mejorar la memoria visual.

- Mejorar la morfosintaxis.

- Mejorar la expresión oral.

- Desarrollo actividad:

Desarrollo de la actividad

Primero se colocarán las cinco láminas de colores, donde aparecen las imágenes de los animales, a modo de tablero.

A continuación, nos asegura-remos de que los jugadores conocen el vocabulario que aparece, lo identificaremos y, si hay alguno que no saben, lo nombraremos.

Se colocarán todas las imá-genes recortadas en una caja misteriosa y otro jugador será el encargado de coger una sin que el resto lo vea.

El jugador cogerá una de las tarjetas de las pistas con apoyos visuales y verbali-zará la frase, el resto de los jugadores tendrán que adi-vinar de qué animal se trata. El primero en adivinarlo con-seguirá la tarjeta que podrá poner en el tablero junto al animal adivinado.

ANIMALES ALBOROTADOS

 Edad: 3-7 años

OBJETIVOS:

- Mejorar la atención.

- Aumentar el vocabulario.

- Desarrollar el lenguaje oral.

 Desarrollo de la actividad: ||||||||||||||||||||||||||||||||||||||||||||||||||||||||||

Se les contará a los jugadores que los animales se han alborotado y se han mezclado, deben ayudarnos a encontrarlos para que puedan volver a casa.

Uno de los jugadores sacará un animal de la caja mágica, lo nombrará y tendrá que encontrarlo de la manera más rápida posible. Cuando lo haga, lo colocará encima de la imagen correspondiente.

¿RECUERDAS LO QUE HAS VISTO?

 Edad: 3-7 años

OBJETIVOS

- Desarrollar la atención.

- Incrementar la memoria.

- Mejorar la expresión oral.

- Aumentar el vocabulario.

- Fomentar el plano morfosintáctico.

- Desarrollar el plano pragmático.

 Desarrollo de la actividad:

Se mostrarán los escenarios de imágenes a la vez que se nombran para asegurarnos de que las imágenes que aparecen corresponden a vocabulario que conocen, si alguna palabra no la conocen se nombrará para que la integren.

Después, se describirán las imágenes que aparecen diciendo cómo son, dónde están o qué hacen, añadiendo la información que consideremos importante para facilitar que recuperen esa información y sean capaces de evocarla. Se esconderá la lámina y, de una caja mágica, se sacarán imágenes independientes debiendo recordar si aparecían o no.

Al final, se comprobará si han sido capaces de recordar todo el vocabulario que aparecía o si hay algo que se les ha escapado.

TARJETAS LÉXICAS

OBJETIVOS:

- Mejorar la atención.

- Aumentar el vocabulario.

- Desarrollar habilidades metalingüísticas.

- Mejorar el plano fonético-fonológico.

- Fomentar la expresión oral.

 Desarrollo de la actividad:

Hay dos tipos de tarjetas, unas con imágenes y otras con puntitos que se relacionan con los golpes silábicos.

Los jugadores, por turnos, irán sacando una tarjeta de las imágenes y buscarán en la de los puntitos cuántas sílabas tiene la imagen de su tarjeta.

DIME OTRA PALABRA

 Edad: 3 - 7 años

OBJETIVOS:

- Aumentar la atención.

- Mejorar la escucha activa.

- Potenciar discriminación auditiva.

- Aumentar el vocabulario.

- Desarrollar habilidades metalingüísticas.

- Integrar conciencia silábica.

Desarrollo de la actividad:

Los jugadores deberán identificar el vocabulario de cada lámina y decir otra palabra que empiece con la misma sílaba.

La versión del juego para los más peques será que alguien diga una sílaba inicial y el que lo encuentre colocará una ficha en la imagen correspondiente.

¡DESCRIBE MI CARA!

 Edad: 3 - 8 años

OBJETIVOS:

- Aumentar la atención.

- Desarrollar el vocabulario.

- Desarrollar la morfosintaxis.

- Desarrollar el plano léxico-semántico.

- Desarrollar las funciones ejecutivas.

 Desarrollo de la actividad:

Uno de los jugadores tendrá una carta con la imagen de una cara que tapará para que el resto de los jugadores no la vean. A continuación, deberá describirla, con ayuda de sus apoyos visuales para no dejarse ningún detalle, y que el otro jugador o jugadora sea capaz de hacerla igual, colocando las distintas partes de la cara.

GALLETAS SILÁBICAS

 Edad: 4-7 años

OBJETIVOS:

- Aumentar la atención.

- Desarrollar el vocabulario.

- Integrar habilidades metalingüísticas.

- Mejorar el plano fonético-fonológico.

- Mejorar la expresión oral.

 Desarrollo de la actividad: ||||||||||||||||||||||||||||||||||||||||||||||||||||||

Se colocarán diferentes láminas que contienen botes de galletas con una imagen; los participantes deberán nombrarla, identificar el número de sílabas y construir la palabra con las sílabas que llevan las galletas.

Para asegurarnos el aprendizaje sin error, las galletas con sílabas tienen el apoyo visual de la imagen a la que corresponden. Los jugado-

res deberán colocar las galletas correctamente en los botes que corresponden de forma rápida.

Favoreceremos la motivación en el juego, presentándoles las galletas con sílabas dentro del bote, que tendrá un monstruo al que se las tendremos que quitar.

VOLANDO A LA SÍLABA INICIAL

 Edad: 4-7 años

OBJETIVO:

- Desarrollar la atención.

- Mejorar la discriminación auditiva.

- Mejorar el vocabulario.

- Integrar el plano fonético-fonológico.

- Desarrollar habilidades metalingüísticas.

- Desarrollar el plano léxico-semántico.

 Desarrollo de la actividad:

Se colocarán diferentes nubes con distintas imágenes en el suelo, nos aseguraremos, nombrándolas, de que todos los jugadores conocen el vocabulario. Posteriormente, se escribirá en la cometa la sílaba de la pa-

labra que queremos que el jugador encuentre. Deberá hacer volar la cometa hasta la nube correcta.

SALTA Y CONSTRUYE

 Edad: 4-7 años

OBJETIVOS:

- Mejorar la atención.

- Aumentar el vocabulario.

- Mejorar la morfosintaxis.

- Mejorar la expresión oral.

- Desarrollar las funciones ejecutivas

 Desarrollo de la actividad:

Se colocarán en el suelo varias filas de círculos plastificados que corresponderán a las categorías de sujetos, verbos y objetos. La primera fila corresponderá a los sujetos, la segunda fila a los verbos/acciones y la tercera a los completos (objetos) que quieran elegir.

Se les indicará a los jugadores que van a construir pequeñas historias (frases) a través de sus saltos. Cuando se dé el pistoletazo de salida, en orden, los jugadores darán los tres saltos necesarios para completar su historia a la vez que la verbalizan y el resto de los compañeros valorarán si es divertida o aburrida.

BUSCA TU MITAD

 Edad: 4 - 8

OBJETIVOS:

- Mejorar la atención.

- Aumentar la memoria.

- Aumentar el vocabulario.

- Desarrollo de habilidades metalingüísticas.

- Mejorar la inteligibilidad del lenguaje.

 Desarrollo de la actividad:

Contamos el cuento Se me ha roto el corazón para introducir a los pequeños la idea de ayudar. Por otro lado, repartimos corazones partidos y diferentes tarjetas con imágenes. Los jugadores deberán encontrar qué dos imágenes hacen que se arregle el corazón, identificando la sílaba inicial de las palabras.

GUSANO ENCADENADO

 Edad: 4-8 años

OBJETIVOS:

- Mejorar la atención.

- Aumentar el vocabulario.

- Desarrollar el plano léxico-semántico.

- Desarrollar el plano fonético-fonológico.

- Desarrollar las habilidades metalingüísticas.

- Identificar la sílaba inicial y final de la palabra.

 Desarrollo de la actividad:

Se colocará la cabeza del gusano y se les dirá a los jugadores que el gusano es un poco despistado y ha perdido su cuerpo, por ello, nos deberán ayudar.

Para que el gusano sea muy largo, deberá formarse una cadena de palabras. Se cogerá una imagen como la primera palabra para comenzar el gusano y, con la sílaba final de la palabra que representa esta imagen, deberán encontrar otra palabra para que el gusano siga creciendo.

Por ejemplo: pato – tomate – tele, y así sucesivamente.

COCODRILO VA AL DENTISTA

 Edad: 4-8

OBJETIVOS:

- Aumentar la atención.

- Aumentar el vocabulario.

- Desarrollar la memoria.

- Desarrollar el plano fonético-fonológico.

- Desarrollar las habilidades metalingüísticas.

 Desarrollo de la actividad:

Encontramos un cocodrilo grande y hambriento. Se le colocará un diente con una imagen o se elegirán qué fonema o sílaba será la que le apetece comer ese día. El resto de los jugadores deberán encontrar los dientes que le vienen bien para completar su mandíbula, buscando otras imágenes que empiecen igual, según la consigna.

¿QUIÉN ES EL MONSTRUO?

 Edad: 4-9 años

OBJETIVOS

- Aumentar la atención.

- Desarrollar las funciones ejecutivas.

- Desarrollar el lenguaje expresivo.

- Mejorar el plano fonético-fonológico.

- Incrementar la estructura del lenguaje

- Aumentar el vocabulario

Desarrollo de la actividad:

Para grupo de 2-3 jugadores: se repartirá un tablero de monstruos a cada uno. Cada jugador cogerá una carta-personaje monstruoso del montón sin que el resto lo vea y deberán adivinar el monstruo de otro de los jugadores.

Seguirán una serie de preguntas pautadas en un tablero como ayuda para planificar preguntas adecuadas, saber qué cosas se han preguntado y cosas que aún falten... de una manera organizada. De esta manera, verán, con los apoyos, qué cosas tiene y no tiene el otro jugador, facilitando que lo identifiquen.

Para grupo de un aula: se colocará en el centro un tablero gigante con los personajes monstruosos. Uno de los jugadores cogerá la carta del personaje y el resto de los compañeros realizarán las preguntas de la tabla hasta averiguar qué monstruo es. Así, lo adivinarán entre todos

ESCUCHO Y DIGO

Edad: 3-7 años

OBJETIVOS

- Aumentar la atención.

- Mejorar la escucha activa.

- Fomentar la discriminación auditiva.

- Desarrollar el plano fonético-fonológico.

- Aumentar la discriminación auditiva.

- Desarrollar el plano léxico-semántico

- Adquirir habilidades metalingüísticas.

- Mejorar la memoria visual y auditiva

BINGO ¿QUÉ FRASE ES?

 Edad: 5-7 años

OBJETIVOS:

- Mejorar la atención.

- Mejorar la comprensión.

- Aumentar el vocabulario.

- Adquirir habilidades metalingüísticas

- Mejorar la memoria visual.

- Mejorar la morfosintaxis (comparar el número de palabras en la frase).

- Ampliar las estructuras en su lenguaje.

- Aumentar la comprensión oral.

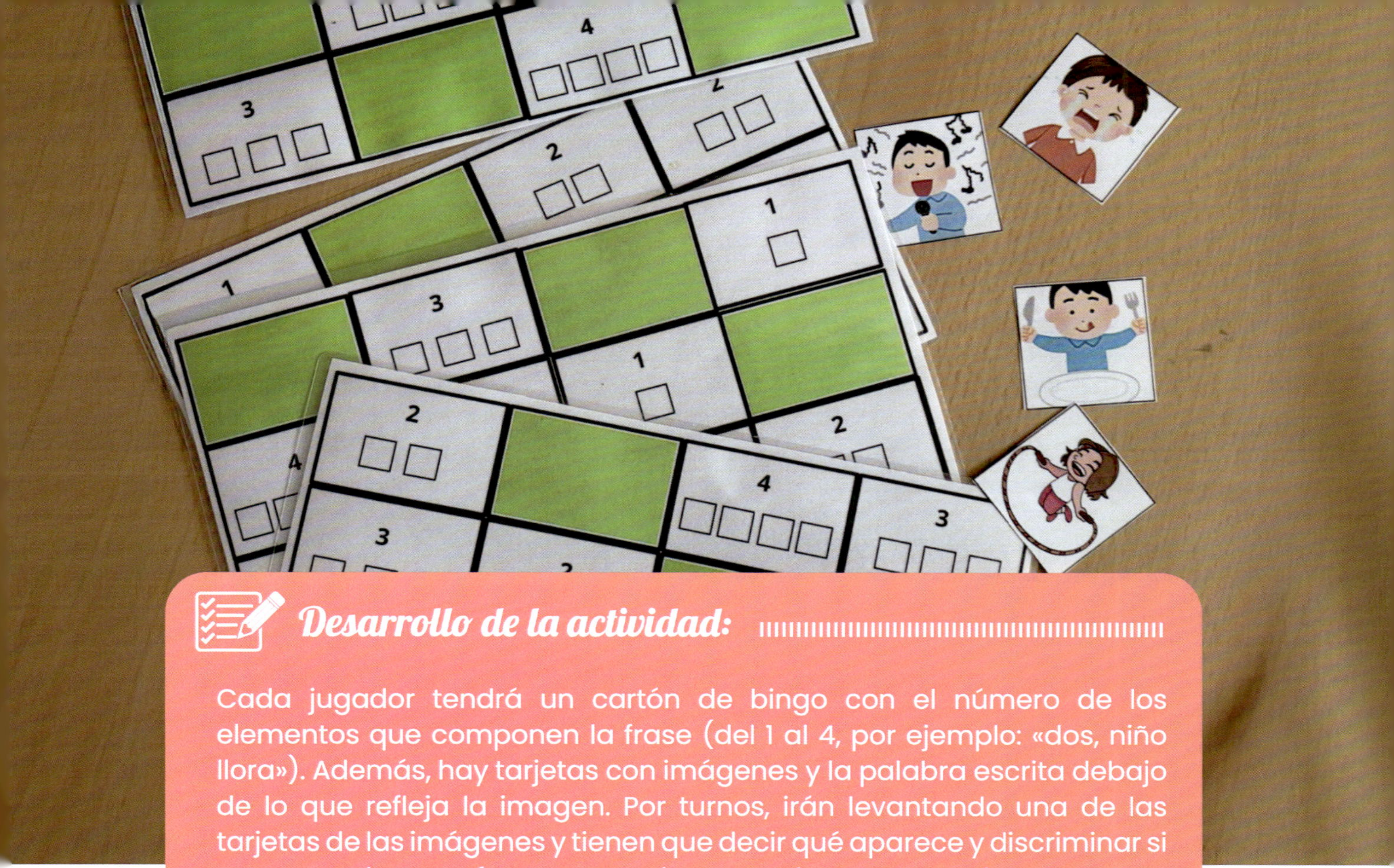

Desarrollo de la actividad:

Cada jugador tendrá un cartón de bingo con el número de los elementos que componen la frase (del 1 al 4, por ejemplo: «dos, niño llora»). Además, hay tarjetas con imágenes y la palabra escrita debajo de lo que refleja la imagen. Por turnos, irán levantando una de las tarjetas de las imágenes y tienen que decir qué aparece y discriminar si corresponde a una frase con un elemento, dos, etc. Cuando encuentren qué ficha es, tacharán en su cartón de bingo lo que corresponda.

Aunque este juego incluye imágenes y palabras escritas que hacen referencia a lo que aparece en el dibujo, no es necesario que el niño tenga adquirida la lectoescritura y lea, ya que la idea es jugar con el lenguaje y las palabras. Se busca que los niños describan las imágenes, y la palabra escrita es, simplemente, una ayuda para dirigir el juego y saber a qué corresponde cada ficha. Además, se aprovecha para introducir palabras escritas como una primera toma de contacto.

¿DÓNDE ESTÁN?

 Edad: 5-7años

OBJETIVOS:

- Mejorar la atención.

- Desarrollar la escucha activa.

- Introducir las descripciones (lenguaje expresivo y comprensivo).

- Ampliar estructuras de las frases.

- Aumentar el vocabulario.

- Adquirir habilidades metalingüísticas.

- Mejorar la memoria visual.

- Mejorar la morfosintaxis

97

Desarrollo de la actividad:

Existe una plantilla con una casa y sus estancias, también hay unas tarjetas con personajes colocados en la casa.

Uno de los jugadores describirá lo que ve en la tarjeta que le ha tocado, dirá dónde están los personajes y el otro jugador colocará los objetos y personajes en la casa según va entendiendo dónde están. Al final, se comprobará.

¿SALTANDO LOS DOS?

 Edad: 4-8

OBJETIVOS:

- Aumentar vocabulario.

- Desarrollar el plano fonético-fonológico.

- Desarrollar habilidades metalingüísticas.

- Identificación silábica.

- Iniciar la lectura.

 Desarrollo de la actividad:

Se colocarán en el suelo unas ranas con una imagen cada una; por otro lado, habrá nenúfares escritos con diferentes sílabas. Los jugadores deberán decir cuáles son las palabras que tienen las ranas y ayudarlas a formar las palabras saltando como ellas en los nenúfares necesarios para formar las palabras.

¡El primero que consiga encontrar sus sílabas ganará!

ELLA Y ÉL

 Edad: 5-9 años

OBJETIVOS:

- Adquisición de vocabulario.

- Identificar género y número.

- Mejorar la agilidad mental.

- Desarrollar el plano morfosintáctico.

 Desarrollo de la actividad:

Se repartirá a cada jugador el apoyo visual de «él, la, los, las», y varias cartas de imágenes que deberán clasificar debajo de las tarjetas de los artículos, identificando el género y número de las tarjetas.

Ganará el primero en clasificar su montón de cartas de manera correcta. Aquí jugará un papel fundamental el vocabulario que presenten y el poder de evocación que tengan.

EL

LOS

LA

LAS

MASCULINO
SINGULAR

MASCU
PLUR

FEMENINO
SINGULAR

FEMENINO
PLURAL

TE TOCA DESCRIBIR

 Edad: 6-11 años

OBJETIVOS

- Mejorar la atención.

- Aumentar el vocabulario.

- Desarrollar el plano morfosintáctico.

- Desarrollar el plano pragmático.

- Desarrollar el lenguaje oral.

- Aumentar la comprensión oral.

 Desarrollo de la actividad:

Se mostrarán cuatro láminas en las que aparecen diferentes imágenes en distintos escenarios. Uno de los jugadores describirá otra lámina, la cual será igual que una de las que están viendo el resto de los jugadores, salvo por un detalle que deberán identificar. Deberán ir descartando las que no sean iguales y encontrar la que sí.

PREGUNTA Y ENCUENTRA SU SOMBRA

 Edad: 4-8 años

OBJETIVOS

- Mejorar la atención.

- Aumentar el vocabulario.

- Desarrollar el plano léxico-semántico.

- Desarrollar el plano morfosintáctico.

- Desarrollar el plano pragmático.

- Desarrollar del lenguaje oral.

- Mejorar las funciones ejecutivas.

 Desarrollo de la actividad: ||||||||||||||||||||||||||||||||||||||||||||||||||||||

Se colocarán tres láminas con tres escenarios diferentes, donde aparecerán varias sombras en cada una de ellas.

Un jugador cogerá una imagen de la caja mágica sin que el resto de jugadores lo vean, ya que deberán adivinar qué elemento le ha tocado. Para averiguarlo, realizarán una serie de preguntas visuales estructuradas, que les ayudarán a ir descartando y adivinar así qué es.

Si lo adivina, podrá colocar la imagen en su lugar correspondiente.

ACTIVIDADES

LINTERNAS SONORAS

 Edad: 3-5 años

OBJETIVOS

- Aumentar la atención.

- Mejorar la escucha activa.

- Potenciar discriminación auditiva.

- Aumentar el vocabulario.

- Desarrollar el plano léxico-semántico.

- Desarrollar el plano fonético-fonológico.

- Habilidades metalingüísticas.

 Desarrollo de la actividad:

Se puede presentar como libro o como fichas individuales plastificadas. El peque tiene que nombrar cada imagen que vea y rodear o pegar un gomet encima de las imágenes que empiezan por la sílaba que indica el material.

SERIACIONES

 Edad: 3-5 años

OBJETIVOS:

- Mejorar la atención.

- Desarrollar funciones ejecutivas.

- Fomentar la memoria

 Desarrollo de la actividad:

Se plastificará el material o se presentará como fichas para recortar y pegar. Los peques irán realizando las seriaciones en función del nivel en el que se encuentren, ya que van de menor a mayor dificultad.

Variante: Series descendientes.

TRABAJAMOS LA MEMORIA

 Edad: 4-7 años

OBJETIVOS

- Mejorar la memoria.

- Desarrollar la atención.

Desarrollo de la actividad:

El material se puede presentar plastificado o encuadernado. Se irán presentando las láminas, en cada una de ellas se suman imágenes. Primero las iremos nombrando juntos, para asegurarnos de que conocen el vocabulario, lo etiqueten e integren, después, tendrán que nombrarlas y recordarlas ellos solos.

Variante: Se presenta un nivel superior con las sombras de las imágenes.

CUENTOS

El cuento es un recurso al que todos podemos recurrir con facilidad para propiciar un intercambio comunicativo o un momento lúdico, tanto en el cole como en casa.

Se pueden trabajar diferentes planos del lenguaje a través de dicho recurso. Hay que darle mucha importancia al uso de los cuentos, ya que será vehículo hacia el aprendizaje y el lenguaje que se da en un intercambio comunicativo.

El cuento se presenta como un medio para la reflexión metalingüística, por lo que mejorará la competencia en el plano fonético-fonológico, morfosintáctico, léxico-semántico y pragmático.

Además, desarrollará nociones lingüísticas y gramaticales, ofreciendo la posibilidad de aprender el lenguaje al usarlo, manipularlo, crearlo, etc. Los niños en la etapa infantil están en la mejor edad para interiorizar el disfrute por las actividades literarias y adquirir hábitos de lectura tempranos, lo que en el futuro favorecerá un mayor éxito en los aprendizajes. Un niño que lee será socialmente más culto y con mayor enriquecimiento personal.

Por tanto, creemos que el cuento es el mejor recurso para el desarrollo del lenguaje, relatando sucesos imaginarios y estimulando la imaginación y la curiosidad. Mediante la lectura de cuentos, un niño puede llegar a comprender sentimientos, situaciones y hechos relacionados con uno mismo y con los demás, convertir lo fantástico en real y desarrollar la imaginación y la creatividad.

Para el adulto, el cuento se convierte en una estrategia fundamental para fomentar la expresión oral. Hay que tener en cuenta la diferencia entre contar y leer un cuento, ya que, al contarlo, usaremos elementos comunicativos expresivos, mímicos, teatralizaciones e interacciones con el niño que no aparecen al leerlo.

A la hora de elegir cuentos para trabajar los prerrequisitos del lenguaje, vocabulario, etc., nosotras tenemos en cuenta:

Partir de sus intereses.

Que sean circulares, es decir, que los personajes sean recurrentes y la historia sea reiterativa (con repeticiones).

Que sean acumulativos, repitiendo parte de la historia y añadiendo algo nuevo.

Lenguaje cercano.

Estructuras sencillas y frases cortas.

Con posibilidad de anticipar qué va a ocurrir.

Que sea rimado o cantado.

Con poco texto, en formato de álbum ilustrado.

Tips para elegir cuentos:

Hacer que el niño o niña intervenga en situaciones comunicativas con preguntas cortas relacionadas con el cuento.

Un cuento permite interactuar de tú a tú, colocarte a su altura, crear diferentes ritmos y entonaciones en el habla que captan su atención. Mediante el uso de onomatopeyas, sonidos que facilitan el uso del lenguaje oral, y la imitación de gestos y acciones, se generalizan aprendizajes y se amplía el vocabulario que precisan para establecer un intercambio comunicativo o socializar. Es un medio de transmisión de valores, una fuente para fomentar la creatividad, la imaginación y la afición a la lectura.

CANCIONES RIMADAS

No son un cuento como tal, pero sí los presentamos y trabajamos como si fueran un cuento rimado, dando la posibilidad de que los peques intervengan y generando interacción compartida.

Edad: 0-4 años

OBJETIVOS:

- Mejorar la atención conjunta.

- Desarrollar la interacción y el contacto ocular.

- Mejorar la escucha activa.

- Integrar vocabulario.

- Mejorar la expresión oral.

- Desarrollar el plano fonético-fonológico.

Desarrollo ||||||||||||| de la actividad:

Sentados a la altura del peque, vocalizando y teatralizando, se irán pasando las imágenes a la vez que se canta. Primero nosotros cantaremos la canción para dar el modelo correcto y, posteriormente, lo realizaremos de manera conjunta, generando momentos de espera para que sea el peque quien evoque la palabra, generando así un intercambio comunicativo y haciendo que la actividad sea más motivante y lúdica.

El peque se apoyará, para evocar las palabras, en las imágenes que se le van mostrando.

Edad: 0-3 años.

OBJETIVOS:

- Desarrollar la atención conjunta.

- Mejorar la escucha activa.

- Integrar vocabulario.

- Mejorar la expresión oral.

- Mejorar la comprensión oral.

- Desarrollar el plano pragmático.

- Desarrollar el plano fonético-fonológico.

 Desarrollo de la actividad:

Nos colocaremos a la altura del peque y mostraremos la lámina de todos los colores que van a aparecer en el cuento. Los nombraremos para asegurarnos que los tienen integrados.

A continuación, se muestran las siluetas de los elementos que aparecen en el cuento y se nombran de nuevo para asegurarnos que los peques los reconocen. Una vez ocurrido esto, se cantará el cuento mientras los niños y niñas colocan cada una de las siluetas en lugar y color correspondientes.

ONOMATOPEYAS

Edad: 2-5 años

OBJETIVOS:

- Desarrollar la atención conjunta.

- Mejorar la escucha activa.

- Desarrollar la discriminación auditiva.

- Integrar vocabulario.

- Mejorar la expresión oral.

- Desarrollar el plano fonético-fonológico.

Desarrollo de la actividad:

Hay unas tarjetas con unas imágenes sombreadas, sobre ellas están colocadas las imágenes encima. Por otro lado, hay un cuento donde aparecen las imágenes sombreadas con la onomatopeya correspondiente encima.

Se contará el cuento usando esas onomatopeyas, y los peques serán los que relacionarán el sonido a la imagen. Después, se hará el intercambio con la imagen de la tarjeta y se podrá contar el cuento con el vocabulario colocado.

De esta manera, tendremos un cuento sonoro y un cuento con palabras.

119

¡QUE LLEGA EL LOBO!

Edad: 1-3 años

OBJETIVOS:

- Desarrollar atención conjunta.

- Mejorar la escucha activa.

- Integrar vocabulario.

- Desarrollar la expresión oral.

- Mejorar la comprensión oral.Aumentar el contacto visual.

- Desarrollar la imitación.

 Desarrollo de la actividad: |||||||||||||||||||||||||||||||||||||||||||||||||||||||||||||||||

Para contar el cuento, esta vez vamos a utilizar la mesa de luz. Tendremos las marionetas hechas y usaremos este recurso para motivar aún más al peque.

Contaremos el cuento colocando sobre la mesa de luz los personajes e interactuamos con el peque haciendo la acción que va apareciendo en el cuento («dame la mano"»). Al finalizar, haremos una ronda de preguntas sobre el cuento y recordamos vocabulario que haya aparecido.

¿LE PONDREMOS UN BIGOTE?

Edad: 2 - 6 años

OBJETIVOS:

- Centrar la atención.

- Mejorar la escucha activa.

- Integrar vocabulario,

- Desarrollar la expresión oral.

- Mejorar la comprensión oral.

- Desarrollar las funciones ejecutivas.

Desarrollo de la actividad:

Se mostrarán los elementos que van a aparecer en el cuento (estarán impresos y plastificados), y se irán nombrando para asegurarnos que los niños y niñas conocen el vocabulario que aparece. Dejaremos de

manera colocada y visible el material para que, al narrar el cuento, los niños puedan ir colocando cada uno de los elementos que se nombran. De esta manera, podrán crear el monigote y les haremos partícipes activos del cuento.

CHIVO CHIVONES

Edad: 2 - 6 años

OBJETIVOS:

- Centrar la atención.

- Mejorar la escucha activa.

- Integrar vocabulario.

- Desarrollar la expresión oral.

- Mejorar la comprensión oral.

- Aumentar el contacto visual.

 Desarrollo de la actividad:

El adulto narrará el cuento haciendo uso de las caretas de los personajes de la historia e interpretando de manera teatralizada cada uno de los diálogos. Animará a que los niños y niñas interpreten de mane-

ra conjunta las partes que se repiten en la historia y, posteriormente, motivará a que sean ellos quienes lo cuenten con las caretas, bajo la guía del adulto.

LA MOSCA FOSCA

Edad: 3-5 años.

OBJETIVOS:

- Desarrollar atención conjunta.

- Mejorar la escucha activa.

- Integrar vocabulario.

- Expresión oral.

- Mejorar la comprensión oral.

- Desarrollar el plano fonético-fonológico.

- Desarrollar habilidades metalingüísticas.

Nos colocaremos a la altura del peque, frente a él para que exista contacto visual, y contaremos el cuento, teatralizándolo mientras leemos el texto. Después, iremos enseñando los personajes ya plastificados, centrando su atención en ellos, lo que les permitirá, además, evocar y etiquetar el vocabulario.

Desarrollo de la actividad: 𝚤𝚤𝚤𝚤𝚤𝚤𝚤𝚤𝚤𝚤𝚤𝚤𝚤

Nos colocaremos a la altura del peque, frente a él para que exista contacto visual, y contaremos el cuento, teatralizándolo mientras leemos el texto. Después, iremos señalando los pictogramas para que les resulte más sencillo seguir la historia, centrando su atención en ellos, lo que les permitirá, además, evocar y etiquetar el vocabulario.

LAS DIEZ GALLINAS

Edad: 3-6 años.

OBJETIVOS:

- Desarrollar atención conjunta.

- Mejorar la escucha activa.

- Integrar vocabulario.

- Expresión oral.

- Mejorar la comprensión oral.

 Desarrollo de la actividad:

Nos sentaremos a la altura del peque, favoreciendo que haya contacto visual, y se presenta el cuento. Se hacen preguntas sobre la portada, si conocen el cuento, quiénes aparecen, de qué colores son, etc.

Se contará el cuento a la vez que se mostrarán las gallinas de crochet. Los peques podrán ir manipulándolas y nombrando sus colores, además de colocarlas en orden según van apareciendo en el cuento.

Una vez finalizado se hacen preguntas del cuento para valorar la comprensión del mismo y nombrar el vocabulario que ha aparecido.

LA SORPRESA DE NANDI

Edad: 3 - 7 años

OBJETIVOS:

- Desarrollar atención conjunta.

- Mejorar la escucha activa.

- Integrar vocabulario.

- Practicar la expresión oral.

- Mejorar la comprensión oral.

- Desarrollar el plano léxico-semántico.

 Desarrollo de la actividad: ||||||||||||||||||||||||||||||||||||||||||||||||||||||||||||||

Mostraremos el material, personajes y frutas que aparecen en la historia y que se utilizarán para teatralizar el cuento (están impresos y plastificados). Los iremos nombrando a la vez que se muestran para realizar

un correcto etiquetado y de esta manera comprobar si los niños y niñas han adquirido dicho vocabulario.

Se asignan los personajes a los diferentes niños y niñas que escuchan el cuento, y el resto colaborará también emitiendo las expresiones que el narrador dice, haciendo que vivencien el cuento de manera más activa y participativa.

Iremos contando la historia y mostrando los elementos que aparecen, haciendo que los niños interpreten la parte del cuento que les toca mientras el adulto narra la historia.

EL SECRETO

OBJETIVOS

- Desarrollar atención conjunta.

- Mejorar la escucha activa.

- Integrar el vocabulario.

- Practicar la expresión oral.

- Mejorar la comprensión oral.

- Desarrollar las funciones ejecutivas.

- Desarrollar el plano léxico-semántico.

- Desarrollar el plano morfosintáctico.

 **Desarrollo de la actividad:**

Se contará el cuento de manera teatralizada a la vez que se sacarán los personajes de la historia.

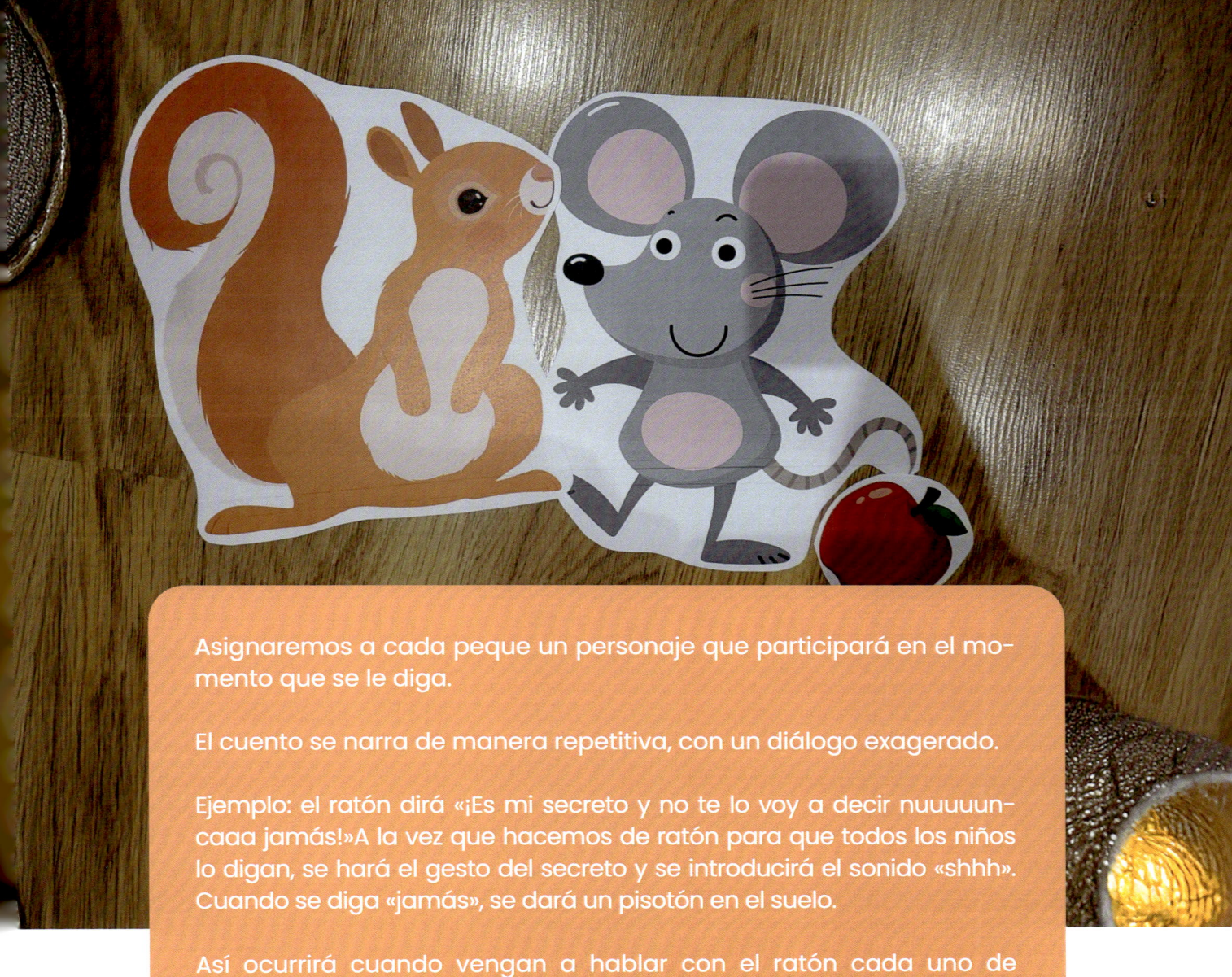

Asignaremos a cada peque un personaje que participará en el momento que se le diga.

El cuento se narra de manera repetitiva, con un diálogo exagerado.

Ejemplo: el ratón dirá «¡Es mi secreto y no te lo voy a decir nuuuuuncaaa jamás!»A la vez que hacemos de ratón para que todos los niños lo digan, se hará el gesto del secreto y se introducirá el sonido «shhh». Cuando se diga «jamás», se dará un pisotón en el suelo.

Así ocurrirá cuando vengan a hablar con el ratón cada uno de los personajes.

AGRADECIMIENTOS

Tener en nuestro entorno a gente que nos ayuda y nos acompaña en este crecimiento es vital para que un proceso así de bonito cobre vida.

Agradecer a todos esos compañeros y compañeras que nos han facilitado, con sus tijeras y plastificadoras, que este material esté preparado de manera exprés.

A todos nuestros peques, que nos impulsan y nos ayudan a que nuestra creatividad crezca a diario. Y a sus familias por la confianza dada.

A nuestras familias, que nos acompañan y escuchan, y a los que ya no están, pero nos siguen impulsando.

A nuestra familia elegida, porque siempre están ahí y testean nuestros materiales.

A los amigos y amigas que creen en nosotras y nos hacen sentir valiosas.

A Jesús, que ha tenido que ejercer de padre y madre para que este libro se desarrolle.

A Gael, que es motor, guía y luz.

A David, por sumar siempre.

A Brie, por darme paz cuando más lo necesito.

Y a vosotros y vosotras, que tenéis este libro en las manos y nos animaréis a seguir creando y soñando.

¡Los que ayudan a otros a brillar lo han entendido todo!

Esperamos que todos vuestros peques disfruten de estos juegos y desarrollen al máximo su lenguaje.

BIBLIOGRAFÍA

- Couso, M. (2023). Cerebro, infancia y juego: Cómo los juegos de mesa cambian el cerebro. Ediciones Destino.

- Dehaene, S. (2025). Aprender a leer: De las ciencias cognitivas al aula. Siglo XXI Editores.

- Gallardo López, J. A., & Gallardo Vázquez, P. (2018). Teorías sobre el juego y su importancia como recurso educativo para el desarrollo. Revista Educativa Hekademos, 41-51.

- Guarneros Reyes, E., & Vega Pérez, L. (2014). Habilidades lingüísticas orales y escritas para la lectura y escritura en niños preescolares. Avances en Psicología Latinoamericana, 21-35.

- Gutierrez Fresneda, R., & Díez Mediavilla, A. (2015). Aprendizaje de la escritura y habilidades de conciencia fonológica en primeras edades. Bordón, 43-59.

- Larroca Saavedra, H. (2023). Componente semántico en niños de edad preescolar con dificultad de lenguaje en las escuelas del Perú. Telos: Revista de Estudios Interdisciplinarios en Ciencias Sociales, 25 (1), 137-149.

- Monfort, M. (1998). El niño que habla: El lenguaje oral en el preescolar. Ediciones Aljibe.

- Palazón López, J. (2023). Enseñar a leer al alumnado con discapacidad intelectual: evidencias y reflexiones. Cuadernos de Pedagogía, (541).

- Susanibar, F., Dioses, A., Marchesan, I.,Guzmán, m., Leal, G., Guitar, B., & Junqueira Bohnen, A. (2016) Trastornos del habla: De los fundamentos a la evaluación. EOS